AF364299

LA REALIDAD DE MAYO

ExLibric

ÁNGEL GARCÍA GARCÍA-MUÑOZ (BÜRU)

LA REALIDAD DE MAYO

EXLIBRIC

ANTEQUERA 2022

ÁNGEL GARCÍA GARCÍA-MUÑOZ (BÜRU)

LA REALIDAD DE MAYO

Prólogo

Ha sido un mayo para olvidar que se me hizo interminable.

Sobreviví al segundo naufragio de esta enfermedad que tanto desgasta y casi me lleva.

El tiempo en ella se para y te duele hasta el alma.

Las complicaciones no te dan una tregua y, por mucho que te mantengas a flote, día tras día, hora tras hora, sigues tragando agua, mucha agua.

Solo me apetecía dormir para escapar de mi cuerpo y salir corriendo, pero tenía al insomnio como compañero de cama… y las noches en blanco se me hicieron más largas.

Estaba demasiado atento a lo que sentía mi cuerpo, no podía hacer oídos sordos a lo que tenía encima.

En medio de mucho silencio y aún con la resaca del dolor, decidí juntar letras para enfrentarme a este mayo porque siento que todavía tengo muchas cosas que decir, pero sin apartarme un ápice del misterio, de la nada, del vacío, del silencio. En definitiva, de la realidad en la que vivo, aunque para eso tenga que enfrentarme a mí mismo por los sentimientos contradictorios que tengo.

Y así salieron estos «Versos en mayo».

Cuesta aceptar que no podré recuperar lo perdido, pero espero que esa idea no me impida ver y disfrutar lo mucho y bueno que aún me queda.

Este libro es el resultado de un largo mayo de terapia, escrito desde los límites del dolor y de la incertidumbre, pero sin tirar la toalla.

Comienza a leerlo despacio, muy poco a poco, pero tenlo a mano para echarle una ojeada de vez en cuando.

Ángel García García-Muñoz (BÜRU)

EN LÍNEA ABIERTA

Por todos los lugares que pasé
anduve juntando letras en línea abierta
durante días y noches.
En este itinerario de vidas
he recorrido zonas de riesgo
desafiando muchas creencias
y aclarando ciertas dudas.
He revivido mil historias distintas
entre palabras claras,
sombras de inquietud
y algún que otro miedo en el cuerpo.
A veces he escrito
sobre el mar, las nubes, la lluvia, el viento,
la vida, la muerte, las expectativas, los deseos,
a mis amigos vivos y muertos
También sobre lo que veo o lo que siento
durante esas noches de sueños rotos
y desasosiego,
pero siempre desde un punto de vista
muy reflexivo.
Otras muchas veces sobre el niño que fui,
la infancia en mi pueblo
y las ganas que tengo
de que los vaivenes del tiempo
me permitan volver allí de nuevo.
Me he convertido en juez y testigo

de mi propio destino.
Y como no quiero que mis recuerdos
se queden encerrados en un cajón del olvido,
me armo de valor
y junto letras en línea abierta
antes de que la nada se cierna sobre mí.

EL CALOR DE TU CUERPO

Cuando ya no escucho a nadie
que diga mi nombre
y me ofrecen miles de manos
para encontrar el camino,
no rechazo apoyo ninguno,
pero lo que yo necesito
es el calor de tu cuerpo
para sentirme seguro.

La huella de tus caricias

Beso la huella de plata
que han dejado tus caricias
sobre mi piel,
anhelando que llegue el momento
de encontrarme con tu boca…

CÓMPLICES

Desde aquel primer día
mi mirada peregrina
se quedó atrapada en el azul
de tu vida.
Muy pronto surgió en nosotros
la simetría afectiva.
Tras resistir cientos de embates
floreció una fortaleza de espejo
entre tu alma y la mía.
Soportamos todo tipo de inquinas,
pero entre tú y yo
cualquier cosa está bien
para seguir adelante.
Cómplice de confidencias,
aunque te vayas muy lejos,
nada te arrancará de mi lado,
llegaste para quedarte…
Te prometo
que tú no serás un ave de paso
en mi vida.

Cosas pendientes

Hijos ya los tengo,
algún libro he escrito,
no voy a hacer una guerra,
pues como enemigo
no duraría ni un asalto.
De todo lo más clásico me queda
plantar un árbol.
Podría ser un roble o un abeto,
un nogal o un almendro;
tal vez un olivo o un castaño,
una encina o un pino canario,
porque cipreses hay bastantes
en paseos y cementerios.
A partir de ahora me han prohibido
escalar montañas,
tirarme en paracaídas
hacer submarinismo,
cosas que no tenía previsto.
Tampoco voy a subir en globo
ni hacer un crucero a mar abierto,
porque me mareo y vomito.
Aún me quedan más cosas
por hacer el tiempo que me quede
en la madre tierra.
Para esas no tengo que ir muy lejos.
Quiero agarrar al toro por los cuernos
y quitarme de encima
las angustias y los miedos

sobre dioses y diablos.
A ver si tengo suerte y puedo
rodearme de los amigos,
los de verdad, que nunca fallan,
los que siempre te harán disfrutar
de los mejores abrazos.
Porque la vida no es un ensayo,
es un teatro en directo
en el que participo
como un personaje inimitable.
No puedo hacer otra cosa
mientras siga vivo.
Fui joven y he madurado.
Es imposible darme la vuelta
y desandar lo andado,
aunque aceptar eso me haya resultado
más desagradable
que un trago de vino amargo.
Si me quedara algo de fe,
buscaría la ayuda de un dios
que me ampare,
pero como resulta que ya no creo,
me enfrento en solitario
a lo que la vida me depare.
Y cuando el camino se acabe,
pido que nadie me llore:
las personas que se mueren
siguen presentes
mientras los vivos las recuerden.

LETRAS CON MI ESENCIA

Desde el exterior de mi vida
parezco un ángel sin alas
que va llorando a borbotones
por un laberinto de letras.
Desnudo el alma a cada instante
intentando limar las penas,
reforzando las ansias de seguir
a las que me aferro
y en un esfuerzo por despejar las dudas
que laten en de mí
recuperar los sueños de mi infancia
para vencer a los monstruos
que me acechan.
Entre el sonido de cualquier queja
suelo esconder
flores grandes y pequeñas
que contienen mi esencia
en las letras de cada poema.

Memoria a la fuga

¿Por qué me empeño en buscar
las vueltas que da el viento
si sé bien que no vale la pena?
La crueldad de la vida
a veces nos deja a solas
frente a la puerta del olvido.
Por eso me duele tanto
que pongas en duda quién eres:
se van quedando por el camino
mucho más que tus recuerdos
sin que te des ni cuenta.
Cuando la memoria se da a la fuga,
todo es incertidumbre.
Un gesto de tristeza
se instala en mi cara,
y mi boca se queda sin la sonrisa
con la que paseaba todos los días
agarrado a tu cintura.

EL LABERINTO DE VIDA

Si te dejas atrapar
por la utopía sagrada
del laberinto de vida,
no cuentes los giros que vas dando
porque eso no te ayuda.
A cada paso que des
el anterior se te olvida.
Tampoco cambies el rumbo
preparando la huida
para escapar de los miedos
que llevas encima.
Una vez que pierdes de vista
la puerta de entrada,
no volverás a ser el mismo.
Alza los ojos al cielo
dejando en la tierra tu sombra
y repite mientras caminas
ese mantra sagrado
que tanto te gusta.
Pero sobre todo no te pares,
afronta el futuro que tienes delante
y sigue sumando pasos y más pasos
hasta encontrar la salida.

SIN BILLETE DE VUELTA

Cuando a alguien le dices
«vete a la mierda»,
asegúrate de que lleva
solo el billete de ida
sin posibilidad de vuelta.
Que el viaje no sea en vano,
que se quede allí
con ese abono de tierra.
Porque si se va y vuelve,
el olor que desprende
te va a molestar
más que su presencia.

QUIENES LEEN EN SILENCIO

Poca gente sabe lo que soy,
por eso quiero
que tú veas en mí
el mejor yo que tengo
con una sonrisa en los labios.
Ese que se esconde aquí dentro
y que solo saben ver
quienes leen en silencio
la expresión de mis ojos.

La escucha continua

Vivir sin vivir el día a día
por miedo a lo que venga.
Se apilan en mis manos
letras transparentes
que se escurren entre mis dedos
con un leve gesto
para revertir ese ciclo de soledad
y desesperanza.
Pongo en mis versos sílabas de paz
que atrapen la armonía
en estos tiempos de fuga
que tengo por delante.
Mi agua para cada comida
es la escucha continua
de ese soliloquio interior
que resuena en el vacío de la mente,
como esas cifras de un código secreto
que no quieres olvidar.
Es justo el punto de apoyo necesario
para despejar las dudas
sobre el último enigma
del presente y del futuro,
y vivir la certeza de vida que tengo
en esta tierra.

Si no me miras

Solo cuando tus ojos
rozan el contorno de mi piel
ríos de poder
recorren mi sangre.
Pero si no me miras,
la huella de tu ausencia
golpea con dureza
sobre mi cuerpo,
me vuelvo vulnerable,
sin fuerzas
para hacerle frente a la vida.

A PESAR DE TODO

A pesar de los años,
a pesar de los daños,
a pesar de todo…
voy a empezar de nuevo
desde cero.
Saltar de un lugar a otro,
avanzar lo más posible
dentro de mí mismo.
Soñar que vivo despierto,
aunque sean los mismos sueños,
aunque me asalten los miedos
siempre a la misma hora
y yo siga quieto todo el tiempo
sin apenas moverme del sitio.

La suerte que tengo

¡Qué suerte!
Desde hace cuarenta años
el veintiuno de mayo
comparte la misma fecha
con nuestro cumpleaños.

Hace ya bastante tiempo
dejé a un lado la idea
de buscar el placer de la compañía
en otros cuerpos,
cuerpos perfectos o imperfectos
con quien compartir las fantasías.
Tú me has hecho ver que,
si se puede,
el placer se consigue
donde cada uno quiere.
¿Para qué busco apagar mis deseos
junto a otra gente
si a tu lado tengo todo lo que quiero?
Me has dado siempre más
de lo que he pedido,
incluso más allá de lo necesario.
Junto a ti he descubierto
la distancia exacta entre los buenos
y los malos momentos:
contigo los malos se acortan

y los buenos se hacen más largos.
Eres el mejor consuelo
para estos días de desengaño
que ahora recorro.
Y como el placer no lo es todo
agradezco la suerte que tengo
de que sigas conmigo.

En ese lugar de La Mancha

Cuando yo muera
solo os pido que no dejéis
que mi cuerpo descanse
en una tierra extraña,
que mi espíritu vague perdido
lejos de sus raíces,
que permanezca ausente por un aire
desconocido
sin saber dónde se encuentra.
Trasladar mis huesos,
mis cenizas
o lo que de mí quede
a mi pueblo.
En aquel rincón al sur de La Mancha
donde empezó mi vida
quiero descansar para siempre:
es mi única patria.
Dejadme en el mismo cementerio
en el que descansan los huesos
de algunos amigos,
de mis abuelos, de mis padres
y de mi hermana.
Tampoco olvidéis aquello que os dije:
en mi sepelio
no derraméis ni una lágrima,
tan solo leer algún poema

durante los primeros días
para que vuestras voces
me acompañen
hasta que me acostumbre
a estar en la otra parte.
Cuando pase algún tiempo,
venid de vez en cuando a visitarme
para que no me sienta tan solo.
Traed los versos
que más os gusten en la boca
y una rosa blanca en las manos.
Os escucharé con los oídos abiertos,
esperando que me leáis las novedades
que van saliendo.
Porque aquí dentro
me está resultando muy difícil
relacionarme con alguien.
Aunque casi todos somos
del mismo pueblo,
existen las diferencias
entre los que tienen un nicho
o tienen un tumba esculpida en piedra.
Eso de que aquí todos somos iguales
no se lo traga nadie.

DOS HORAS Y PICO

Estuvimos atrevidos.
Si tú vienes conmigo,
yo me voy contigo.
Aquello fue rápido,
limpio, sencillo:
cuerpos compartidos
en dos horas y pico.
Fue carne de olvido,
fuego líquido.
Incierto el inicio;
el final, previsto:
tú por tu camino
y yo por el mío.

Mirar hacia otro lado

Me miras,
te miro con cara de ganas,
pero no veo
que tú sientas lo mismo.
El silencio ata nuestros ojos
cuando miras para otro lado.
Ahora tú no me ves,
yo cierro los párpados
y lo que sale de tus labios
ya no lo oigo.

AL SON DE LA TIERRA

Si tú vives en el pueblo,
deja atrás las calles
y date un paseo sin prisas,
porque a campo abierto
te esperan las mejores vistas.
Te puedo decir que yo
sería capaz de estar la vida entera
atrapado en esta hermosura.
La belleza solitaria de la encina
resalta en el verde horizonte
sobre luces blanquecinas.
Una caricia para la vida
que, aunque parezca la misma,
es diferente día tras día.
Amapolas y espliego
estallan por las laderas de fuego
sobre un mar de espigas,
sin disputas.
Es el son de la vida.
Así amanece en el mes de mayo
por Sierra Morena,
los Campos de Calatrava
y la Encomienda de Mudela.
El esfuerzo de millones
de hombres y mujeres
ha ido labrando la fisonomía

de esta tierra.
No seas tú de los que se quedan
con una sola imagen en la retina,
porque hay gente capaz
de sacarte la luna por el horizonte
hasta en pleno día.

DE LA VIDA SÉ MUY POCO

Después de haber vivido tantos años
lo que tengo más claro
es que de la vida sé muy poco.
Poco o nada,
pero mucho menos
que cuando no me preocupaba tanto.
Lo que entonces hacía
era solo vivir el día a día,
pero conforme he ido cumpliendo años
me he dado cuenta de que lo único cierto
es que, aunque el tiempo camina a tu lado,
nunca podrás detenerlo
por muchas trampas que le hagas,
nunca será tu amigo ni tu colega.
A él no le sucede nada,
pero tú te vas haciendo cada vez
más viejo.

A EMPEZAR DE NUEVO

Cuando llega la noche,
me enredo en un amasijo de sábanas
jugando al escondite con esa idea
que conmigo se acuesta
y me amenaza
con quedarse a mi lado
dando vueltas y más vueltas,
sin darme una tregua.
Así una noche tras otra en vela.
Por las mañanas me levanto
con restos de sueños
alrededor de los ojos.
Y vuelta a empezar de nuevo
con la rutina diaria.

EL AGUA VIVA

Se me van pasando los días
como el agua viva de una torrentera
que viene de donde no sabe nadie
arrastrando fuera del cauce
lo que encuentra a su paso
hasta que halla el reposo
en otras aguas mansas.
Me voy a dejar llevar por la vida,
vivir y vivir el día a día
sin el fuego de la duda
que tanto me quema,
porque al fin y al cabo
la vida va a seguir
con su fluir constante
sin que yo intervenga.
Quiero ser como el agua viva
de esa torrentera
que tiene prisa por llegar a la mar
para encontrar la calma.

DAR MEDIA VUELTA

Soy una persona que,
a pesar de las circunstancias adversas
y las dudas que me generan,
confía y espera
hasta que el tiempo me demuestra
que es mejor dar media vuelta.

EL RAYO VERDE

Una tierra en mitad del agua
y a lo lejos
el sol en el horizonte del mar
une y separa sin recelo.
La luz merodeando la tarde
se pierde muy despacio.
En un instante de parpadeo
el rayo verde se escapa.
No desesperes,
mañana atardece de nuevo.

No quiero pensar

Si la vida se te desborda
por los poros,
antes de quedarte quieto
para ver si se pasa,
salta.
Pero ¿qué voy a hacer
si no me atrevo?
Es mejor darse la vuelta
sin hacer nada.

EL LABERINTO DE LA DUDA

El laberinto de la duda
es mi morada.
¿Qué voy a hacer si me muero?
La niebla de mis ojos crece,
el silencio sella mi boca.
Ya no me quedan más ganas
de pensar
para seguir avanzando.
Ante la incertidumbre del ahora
es mejor que no haga nada.
Buscaré un refugio en aguas tranquilas
para llevar un poco de paz a mi alma.
Quiero volver al origen,
lejos de mitos y de miedos,
y sentir aquel instante único
antes de que empezara la vida.

Dioses ausentes

Siento que ya es muy tarde
para cambiar el rumbo interno,
y mi vida sigue abocada
hacia la nada
sin despejar ni una duda.
El crepitar del fuego se escurre
sobre el sonido de mis pasos,
llegan tiempos de miedo
en estas horas de insomnio
aumentando este o aquel dolor.
Dioses ausentes (como siempre)
en este silencio impenetrable de vida.
Aprieto mis dedos
contra la palma de mis manos
para que el sentir me haga olvidar
la indefensión por la que transito
en estas noches oscuras del alma.
La humanidad se aleja
en cada respiro
enhebrando los bordes de voz y silencio.
Nada que decir,
nada que hacer,
todo sin cambios,
solo el pensamiento se encabrita
en un soliloquio comprometido
conmigo,
que nunca me abre las puertas
de un nuevo paraíso.

Elegía a Francisco Ruiz Valle

Después de abandonar
nuestro patio de Montilla
y de ir cada uno por su lado,
rompimos los años de distancia
ocultos tras el olvido.
De pronto, y sin saber cómo,
con la muerte te desvaneces
de nuevo en el silencio
sin motivo aparente,
pero tu recuerdo me siguió acariciando.
Querido Valle,
desde hoy permaneceremos juntos
de forma invisible en el punto cero,
como todo ese tiempo
que estuvimos alejados el uno del otro
sin saber dónde.
Todo lo vivido nos pertenece
en este presente infinito
y para nosotros nunca más será pasado.
No tendremos que regresar a ningún sitio
para encontrarnos,
porque pronto seremos los dos
parte de la misma Nada Insostenible.
Me iré de la tierra disperso entre la ceniza
un día cualquiera igual a tantos.
Espérame con los brazos abiertos
en el otro lado.

Buscando la clave

No todo está escrito
sobre las letras geométricas.
Tampoco el tiempo consigue
eliminar sus aristas.
Por eso leo despacio los versos
y busco la clave
para desvelar el misterio,
hasta descubrir lo escrito
en los intrincados caminos
que el poeta indica.
Aunque la luz me ciegue,
mi corazón anhela abrir los ojos
ante esas palabras,
como hizo Ícaro
al desplegar sus alas frente al sol
antes de su caída.

QUE NADA SEPAN DE TI

Me siento en silencio
y acuden las letras.
En ocasiones, muy despacio
se acumulan en la orilla
sin esfuerzo
para ser las primeras en salir al aire.
Entre ellas las horas en soledad
se hacen más llevaderas.
«Juntaletras,
si me escribes
primero siénteme en tu interior.
Quiero ser sombra y luz
al mismo tiempo,
llenar de paz los infinitos abismos,
ser el bálsamo para sanar lágrimas,
la esencia del beso robado
al amante de turno,
tapar vacíos,
recuperar vestigios de la infancia,
llenar ausencias,
dejar rastro de mi paso por esta tierra.
Te ruego que no te muestres desnudo
con mis letras
en los versos de un poema,
porque si intuyes
que a nadie le interesa,

será mejor que a través de mí
nada sepan de ti
y que yo me pierda».

No te culpo de nada

A cualquier edad
siempre es bueno recordar
los motivos que tuvimos
para abandonar la patria.
Desde aquel día de partida
llevo toda la vida pensando
por qué me eché la manta al hombro
y te di la espalda.
No te echo la culpa
porque no había nada,
fueron las circunstancias.
Los dos hemos perdido.
Una cosa tengo clara:
por mucho tiempo que pase
en mí viven tus latidos
a pesar de la distancia.

No soy poeta

Tengo mucho que decir,
pero es mucho más lo que guardo.
A veces las letras se escapan
del diccionario
atropelladamente,
otras veces se unen en palabras
con cierta coherencia.
Repito continuamente
que no escribo poemas,
solo junto letras en cualquier lugar
que me lo permite:
una hoja en blanco,
una servilleta
o en un papel arrugado.
También las dejo olvidadas
en algún rincón de mi cabeza.
Por eso siempre llevo un lápiz
al alcance de la mano
para juntar letras,
tejer versos,
crear poemas,
pero no soy poeta.

«A LAS Y TANTAS» DE LA MADRUGADA

Ausencia completa
cuando estás en la nada.
Todo a tu alrededor
son susurros del silencio
enredado al vacío
que van inundado las horas.
Esas horas que se quedan
«a las y tantas» de la madrugada,
que se atrancan.
Te adentras solo en la noche oscura,
donde no encuentras
ni un clavo ardiendo
que te asegure la vida.
Intento no sucumbir al desánimo
mientras espero que la luz del día
pueda traer una verdad soportable.

Hacia dentro

No me mires
desde los ojos de otros,
mírame con los tuyos
reflejados en los míos.
Así,
como aquella primera vez
que lo hicimos hacia dentro.

DIOSES PERDIDOS

A Felipe, de la Plaza Ciudad Real

Hay un «paisamigo» al que tengo en gran estima,
tanto como si fuéramos hermanos,
con una fe a prueba de bombas,
como cuando éramos niños y andábamos juntos
por los patios salesianos.

Si aún mantenemos a alguno
de esos dioses perdidos,
inventados de la nada
para ayudarnos a ser humanos,
habría que tener con ellos
sumo cuidado
por miedo a que nos dejen huérfanos.
Seguirán haciendo
como desde los inicios:
de su capa un sayo.
Lo mejor sería dejarlos
en el altar del olvido.
Y el poco amor que queda
en la tierra,
por si acaso,
ponerlo a buen recaudo
para que no hagan ellos el reparto.
Ya va siendo hora
de que nos toque algo.

VIVO EN UNA CASA

Vivo en una casa
donde no habita nadie…
ni las telarañas se quedan
a resguardarse del frío.
Mejor pasear por la calle
y que la fresca brisa
les mueva los hilos
para que todos los elefantes
que gusten disfruten
con su columpio.
Un columpio libre
no sujeto con nada
en el mismo fondo
de ninguna parte.
Las moscas se esconden
para que no las atrape,
pero con paciencia
y el balanceo del aire
seguro que alguna me cae.
Sacio mi sed
con bocanadas de rocío
para volver a ser alguien.
Y me refugio en la magia
de los sueños
antes de darme de bruces
con la realidad
que juega conmigo al escondite.

Todo empieza y se acaba

No hay nada que perdure
para siempre.
Todo empieza y se acaba
como le pasa al sol diariamente,
que al llegar la noche se aleja
hasta la mañana siguiente.
Si te enfrentas al miedo,
nada es por siempre.
Que si no hay nada
que aleje de mí el dolor
por tu ausencia,
abandono mis ganas a empezar de nuevo
y tiendo mis brazos a la muerte
si voy a quedarme sin ti.

Ojalá

Ojalá que en la herida que me hiciste
no dejen cicatrices con ascuas en mi piel,
para que el fuego de tus ojos no las avive
cuando de nuevo me mires.
Si queda un rescoldo de amor,
que caiga al suelo
y que la lluvia y el viento lo apaguen.
Esa lección aprendida será suficiente
para que no me vuelvan a engañar
ni tú ni alguien semejante.
Y si me cruzo contigo
y mis ojos no miran a los tuyos,
es que ya no son un imán para mí,
Tú no te mereces
que alguien derrame por ti
ni una lágrima.
Lo que yo ahora necesito
son lugares más dignos
donde disfrutar con amor.

Sin capacidad suficiente

Cuando el lastre de mis alas
me impida volar hacia la verdad,
llegará la reina del silencio inoportuno
y dejará mi ser a un paso
de la cruda realidad.
Eso implica quedarme sin dioses,
sin palabras,
sin identidad,
y lo que es peor de todo,
vagando a la deriva
sin la capacidad suficiente
para entender, tal cual es,
el lugar donde ella,
la dueña de la Nada Absoluta,
gobierna con mano dura
desde el final de la vida.

CUANDO YO ME MUERA

Cuando yo me muera
no estaré aquí para verlo,
ni seré capaz de descorrer
el velo de niebla que tapan mis ojos.
Principio y final de un ciclo.
Hay quien se preguntará en silencio
a dónde me habré ido
y quizás con un pañuelo
secará las lágrimas de su rostro.
Siempre fuimos amigos
y no hemos tenido tiempo
para revivir las hazañas de niños.
En su rostro quedará impresa
la huella de la tristeza,
porque no pudimos darnos
el último adiós.

El dolor de un desaire

¿Se pueden cerrar
las heridas de la infancia
para que dejen de sangrar?
A veces, los niños no entienden
por qué una mano querida
les provoca un desconsuelo
tan grande
para que broten lágrimas amargas.
No saben si alguien cercano,
con paciencia y sin prisas,
secará su llanto.
¡Cómo duelen esos desaires!
Desean del otro recibir algo,
pero no esperan que sea daño.
Hay heridas que calan tan profundo
que ni el tiempo cura,
tampoco las cicatriza
ni existe alguien capaz de compensarlas.
¿Hasta cuándo vivirán inalterables
esos recuerdos
por los rincones del niño
sin que nadie los sane?

QUE LAS MUSAS ME ACOMPAÑEN

Escribir en cualquier momento
es terapéutico…
Juntando letras entre cenizas,
limando cicatrices,
tengo la vida al alcance de mis manos.
Tiempo mínimo
en el que todo pasa a segundo plano.
Instantes de honda frescura
vivido entre líneas,
testimonio de lo continuo,
aunque el vacío siempre acecha.
A pesar de la rabia,
espero que la luz no se apague
y las musas me acompañen,
porque las necesito para respirar.

No te pares

¿Y si la realidad
fuese una ilusión?
Atrévete y sé audaz,
no te detengas por miedo
a los errores
o la falta de aciertos.
Planta cara a un desafío,
y a otro, y a otro…
Reconcíliate contigo
porque el tiempo no te da tregua,
se arruga y pasa muy deprisa
produciendo óxido.
Poco a poco,
desnúdate de todo,
no te pares en lamentos
si te equivocas.
A pesar de los tropiezos
sigue adelante.
La vida/ilusión es imprevisible,
un continuo aprendizaje
que no acaba nunca.

MOTIVO ÚNICO

Solo hay un motivo
por el que merece la pena
seguir vivo:
ese motivo
eres tú mismo.

MASACRE EN UVALDE

Los disparos suenan en estampida
como un rayo,
y la sangre sale a borbotones
provocando el daño más desgarrador,
el más profundo.
Heridas de fuego enmudecen la vida,
y los cuerpos quedan tirados en el suelo;
inmóviles, los ojos se visten de muerte
al final de la cacería.
Mentes desquiciadas defienden las armas,
mentes ungidas por la sinrazón
de la democracia.

Para cualquier cosa

Para dar el primer paso de la vida,
para el olvido,
para subirte a un columpio,
para cruzar un puente,
para darte sombra,
por si das un traspiés,
por si te confundes,
cuando lloras,
cuando ríes,
cuando sueñas…
Para cualquier cosa
es bueno que siempre
tengas a mano
las alas de un ángel.

No limpiaré los cristales

Sin menospreciar a nadie,
tu recuerdo repiquetea insolente,
pero no limpiaré los cristales
cuando la tormenta amaine,
porque tú ya no formas parte
de esa lluvia auténtica
que cae en vilo y cala lentamente
sin hacer daño.

Andar a contravida

El pasado,
ese sitio tan cerca y tan lejano
del que un día salimos
para no regresar
(ya más nunca),
aunque en ocasiones
andarías a contravida
con tal de volver otra vez allí.

Otra noche sin planes

Palabras para el silencio
por los bordes del círculo infinito.
Tiempo de tránsito que deshace la luz
llevando las orillas de la tarde
a la oscuridad más absoluta.
Triunfante la noche me rodea,
sus cadenas me arrastran
a un punto vacío del espacio.
Con la mano abierta
trato de agarrarme a la soledad.
Me gusta pasar la noche entera
en ningún lugar
acompañado de ella, que siempre calla.
Un buen insomne no tiene planes.
A falta de sueño,
solo espera en silencio
que vuelva la luz del alba.

QUERIDO CÁNCER

Querido cáncer,
desde que vives en mí
te comportas como un parásito
con la piel que nos protege.
Dudo que seas quien dices ser,
porque me haces mucho daño
sin medir las consecuencias de tus actos.
En esta lucha de sangre
me demuestras
que tú no amas nadie.
Un dolor frío durante un instante
me hace sentir de nuevo el miedo
a que los fantasmas vuelvan
temiendo que todo trate de resurgir.
Un escalofrío me recorre la piel.
Quiero ser un hombre libre
que acaba con su incertidumbre
y vence la angustia,
tomando las riendas de todo
lo que quiere vivir.
Me encantaría perderte,
alejar mi mejilla de ti,
aunque por esa ausencia
el enigma de por qué
me robaste la vida,
dejándome una cicatriz imborrable
en la memoria,
sea un punto y final sin resolver.

EL ADIÓS DE UNA CITA

¿Qué hacen los dioses
con nuestros temores
como con el beso que devolvemos
antes del adiós de una cita?
Con los ojos cerrados
y un nudo en la garganta
sabemos cuándo debemos irnos.
La vida está llorando,
todo se acaba.

SALUD, AMIGOS

A pesar de que poca gente me crea,
en silencio
y cuando nadie me ve,
brindo por los dolores que tengo:
con ellos se me caen las alas al suelo,
me veo más humano.
¿Qué no haría yo por recuperar mis alas
y no sentirme como una víctima propiciatoria
de los dioses?
Horizonte esquivo,
vértigo,
hambre y sed bajo la piel que habito.
Hay días en los que pasan de largo,
otros insisten con su mal augurio
para quedarse a mi lado más tiempo
del necesario.
Entonces los combato juntando letras
que extraigo de cualquier sitio.
Se entabla una lucha entre helenos y troyanos
para alzarse con la victoria.
Con ellas voy tejiendo un rastro
(inconfundible y continuo)
por la cóncava senda que transito,
a ver si el sueño en discordia
que persigo con ahínco
se olvida de quién soy

y alguna noche me acaricia la espalda.
Entre brindis y brindis voy paso a paso
jugando al despiste con ellos,
deseando que un día de estos
desaparezcan sus huellas de mi memoria.
¡Salud, amigos!

CON LA LUZ DE LA LUNA

Cuando llega la noche
me tumbo en silencio,
cierro los ojos y siento
los suspiros del sueño
tendido a mi lado de espaldas.
No me roza,
no me habla,
no me acaricia.
Él duerme y yo, despierto,
lo velo durante horas y horas.
Me dan ganas de poner mis manos
sobre su garganta,
anhelando acabar
con su falta de empatía.
Pero me quedo quieto
con la luz apagada
y el sueño sigue roncando,
tendido junto a mí
sin hacerme caso.
Rumbo a la mañana,
abro los ojos,
con la luz de la luna
me veo solo tendido en la cama.
Las cuatro y veinte de la madrugada.

DE SÚBITO DESCUBRO

Quiero ser de luz
para disipar las sombras vacías
que la bóveda oscura
planea sobre mis hombros.
Ser el agua clara de lluvia
que alimenta y limpia
los campos.
Ser el sol que disipa
la densa neblina
sobre el horizonte.
Y me quedo expectante
esperando una señal
para ver lo que pasa,
pero todo lo que me rodea
es silencio.
Cierro los párpados
y bajo una capa de miedo
de súbito descubro
que una luz alumbra
la huella de cada uno de los pasos
que he dado en la vida.

Con determinación y sin miedo

En tu discurrir de poeta
puedes juntar las letras como quieras.
Puedes ir lento…
o deprisa;
de espaldas…
o de frente;
con los pies sobre el suelo…
o con volteretas
entre soledades que van y vienen
y que en soledades te dejan.
Pero si avanzas
con determinación y sin miedo
cuando la Luz se repliega
sobre las sombras de tu vida,
el Espíritu convertirá en victorias
las derrotas.

SOLEDAD INTERNA

Me voy dando cuenta
de que conforme pasan los años,
a pesar de estar rodeado de personas,
me siento más solo que la una.
Esa soledad interna
me hace saberme solo
en todas partes,
me aísla de la gente,
me siento harto
por dudar siempre de todo
y esperando un no sé qué.
Por mucho que intento
cambiar de pensamiento
todo resulta inútil.
Cierro los ojos,
será otra noche de espera.

Cualquier día es bueno

Cualquier día es bueno
para abrir las puertas del olvido.
Deseo encontrar la calma
y que nada me coma la cabeza
para estar más allá
de lo que yo permita.
Que sople un fuerte siroco
y arrase con todo el frío,
porque quiero diluirme donde empieza
la inagotable fuente de vida.
A pesar del cansancio que tengo
de avanzar un paso y retroceder cuatro,
perdido por dolores antiguos,
no me resigno
y al ritmo de marro y martillo
voy buscando en cada letra
la salida a este laberinto.

Dicotomía

No existe el espacio/tiempo,
no hay pasado, presente y futuro.
Toda esa dicotomía
entre espíritu o cuerpo,
onda o partícula
para estar en dos lugares
al mismo tiempo,
o que un ser superior
es el hacedor del universo,
son solo entretenimientos
de conocimientos dudosos:
el cuerpo envejece y muere,
el alma renace en un ciclo continuo,
todo lo vivido lo guarda dentro.
Resulta patético creer
que después de enfundarse
la mortaja del silencio
se pueda seguir viviendo
entre mundos opuestos.

Oro limpio

Es tiempo de primavera,
en los alrededores de Umbría
ya se está dorando el trigo.

Oro limpio.

El sol disuelve las sombras,
los pájaros lanzan sus trinos.

El tiempo no tuvo clemencia
y Umbría se quedó vacío.
Aunque nada es lo que era,
todo regresa a su sitio.

Oro limpio.

En mayo ya no hace frío.
Las puertas están abiertas,
los vecinos llegan
a la cita con San Isidro
con un ramillete de espigas.

Oro limpio.

Hoy es día de fiesta,
el día de San Isidro.
Viva nuestro patrono.
Viva San Isidro.

Oro limpio.

CON PIES DE PLOMO

Yo también fui un ángel,
pero me cansé.
Y aquí sigo, casi vivo,
con miedo a iniciar el viaje incierto
en el más absoluto silencio
por el borde de un precipicio.
Solo existe un hilo de vida
enhebrando mis días.
Al otro lado,
un paisaje confuso
donde se pierden todas los cuerpos
entre sombras de araña.
Con pies de plomo
miro las huellas del suelo
y siento que no estoy preparado
para iniciar la travesía a la otra parte.

LA EXCUSA PERFECTA

No te deslumbres
con mis rarezas.
Mañana serán
la excusa perfecta
para salir corriendo.

La que hará historia

Aunque estés cansado
de tanta espera,
aunque sientas
que por la edad
ya no te toca,
date tiempo para que aparezca
la persona adecuada,
la que hará historia
y te hará sentir
que estar a tu lado
merece la pena.
Será maravilloso
compartir con ella
la nueva vida.

Tú...

Tú…
La única palabra
que retuve en mis labios
para hacerme compañía
en este mayo tan largo.

UN CLAVO ARDIENDO

Desde tanta incertidumbre
entre pasado y presente
eres capaz de ver la salida
de cualquier horizonte
que se te ponga por delante.
Y te agarras a un clavo ardiendo
hasta que te caes.

TORMENTAS DE PRIMAVERA

El cielo se presenta
cargado de nubes
y en el aire resuenan
tambores de guerra:
se acerca una tormenta.
Las tormentas van y vienen
en los días de calor
que asolan la tierra.
La lluvia despliega su capa,
el ambiente se refresca.
Círculos concéntricos
se superponen en el pantano
por las gotas de lluvia
de la primavera.
Con su retahíla de sones
mojan sin piedad
al valiente que quiere
asomarse a la puerta.
Se limpian las calles,
el Pradillo se riega…
Que llueva, que llueva,
que se mojen los campos
antes del verano,
esparciendo olores
de tomillo y yerbabuena.
Las ramas se mueven,

las hojas se bañan.
Tierra seca, pizarra negra,
jara de hoja pringosa
y de flores blancas,
amarilla retama.
Que corra el agua,
que salte y baile
por Los Molinillos y las cañadas,
por el río Fresnedas
y el Rucastaño.
Que rebose el agua
en el Charco Batán
y los Charcos Malos.
Qué bien está la sierra
cuando verdea con el agua
de las tormentas.
Que los campos de El Viso
se renueven de vida,
que los pájaros canten
cuando acabe el concierto
de relámpagos y truenos
con los que siempre aparecen
las tormentas de primavera.
Es verdad que a veces
destruyen campos y cosechas,
pero siempre se mejora el ambiente
con el agua que dejan las tormentas.

Vendrán días mejores

Sigue la rutina confusa
más allá de la desesperanza,
las sombras de la incertidumbre
son siempre muy largas.
El reloj avanza
con su tictac sin escuchas,
cada segundo que se va
nunca regresa.
Vendrán días mejores
para la libertad deseada.

Los barrotes de mi jaula

Han sido escasas las horas de sueño
y me arrastro entre las sábanas.
Me cuesta levantar la cabeza,
volver al ritmo de la vida diaria,
fingir una sonrisa con el primer saludo
ante el espejo
cuando maldita la gracia que me hace
mirarme a la cara.
Otra noche más…
Me duelen hasta las pestañas.
Despertar…
Despertar…
solo quiero despertar en libertad,
más allá de los barrotes de esta jaula
en los que está encerrada mi vida.
Pero otro día más
aquí estoy ante mí,
lleno de rabia e impotencia
entre la sorpresa y el miedo
a que el sueño se pueda olvidar
de mi nombre.

GUÁRDAME EL AIRE

Guárdame el aire,
sentir mi piel a tu lado
no tiene precio.

Abrázame solo un instante
como solo tú
sabes hacerlo.
Que tu voz melodiosa
me susurre al oído
para provocarme el deseo,
siento ganas
de habitar en tu cuerpo,
en un lugar apacible
entre la tierra y el cielo.

Guárdame el aire,
sentir mi piel a tu lado
no tiene precio.

Deja que mi mano acaricie
la yema de tus dedos,
deja tus ojos clavados
en los míos
sin un parpadeo,
pues siento un dolor
aquí en el pecho
cuando no te veo.

Guárdame el aire,
sentir mi piel a tu lado
no tiene precio.

Mientras

Mientras se fundan tus labios
en mi boca
para ser el mar
donde llegan tus olas,
mientras me dejes ser la playa
que besa tu orilla
a la luz de la luna,
seguirá siendo posible la vida…
contigo.

Miradas puente

Hay miradas distintas
que, de repente,
tienden puentes
entre dos almas,
como si algo
estuviera a punto de suceder.
Las vuestras son de esas.
No la perdáis nunca.

Mis enemigos íntimos

Son varios y complejos
mis enemigos íntimos:
la fugacidad del tiempo,
las dudas, el Absoluto Vacío,
el amor, la nostalgia,
la desesperanza,
la injusticia divina y humana,
el desasosiego
y otros sentimientos y asuntos
con los que voy de la mano
con todo el mundo.
Pero en cualquier caso
los que se llevan la palma
porque siempre van conmigo
son los dioses,
el insomnio
y el más insoportable que tengo,
que soy yo mismo.

NOSTALGIA

Soy volcán sin lava,
piedra pómez y pizarra,
rumor de olas sin salitre,
sin espuma ni arena blanca
donde descansen las aguas
si la mar de trigo levanta.

Nostalgia…

Cuando miro a lontananza,
veo cómo la sierra se ríe
si la lluvia la amenaza
y cubre sus montes de agua.
Si la luna de mi pueblo
fuera un caballo de plata,
en ella me montaría
para vivir mis hazañas
sobre la trilla y la parva
o en los olivares que cantan.
En las noches frías de invierno
cuando el silencio baila,
¡qué sola siento a la luna
si me asomo a la ventana!
En las siestas del verano
el duermevela se instala
rescatando entre las sábanas

los olores que se fueron
de la gente que nos falta.

Nostalgia…

Las calles se llenan de años
entre sombras perfumadas,
la gente camina sola,
tiene la piel arrugada.
Y la plaza del Pradillo,
que otrora tuvo abundancia,
se está quedando vacía,
echa de menos las fábulas
que contaban los abuelos
antes de volver a casa.
De sus piedras brotan lágrimas
si alguno de los asiduos
saca el billete a otra playa.
No me duele que el olvido
se haga cargo de mí
y que la vida conmigo haga
aquello que le dé la gana.
Pero cuando yo me vaya
quiero en la mano un puñado
de la tierra de mi infancia.

Nostalgia…

NADA PIERDO

Sombras cubiertas de palabras
que volarán conmigo
después del último aleteo
hacia el silencio y el olvido
de mi principio.
Nada pierdo
porque nada es mío.
En cada letra que escribo
me voy acercando
a la finitud que me espera
como ser humano.

SI LOGRARA VIVIR

Si lograra ser capaz de vivir
sin la incertidumbre del mañana,
cada momento sería para mí
como el instante primero
en el que la vida se presentó
ante mis ojos.
Ser en el mismo momento
final y principio,
fundirme en partida y regreso.
Solo escuchar
cómo mi corazón se abre al presente
con el sonido primero
que llegó a mis oídos
desde la morada de los dioses.
Entonces la vida sería
ese lugar maravilloso en el que habitar
sin tiempos ni miedos.

ESTOY PREPARADO

¿Que qué es lo que soy?
Una persona en busca
de la bonanza interior,
a toda hora y en todo lugar.
Difícil tarea que persigo
como una obsesión incurable.
Porque quiero,
puedo y me merezco
salir de este torbellino de dudas
y llegar a ese oasis de paz
para descubrir lo que soy sin saberlo.
Aunque me siento muy pequeño
y en la vida me pierdo
entre mil laberintos
con razones de niño o de loco,
estoy preparado para disolverme
en la tierra que me acoja en su regazo,
en el agua que me llueva
y riegue mis raíces,
en el aire/fuego que me consuma
y me eleve en pavesas de viento.
Déjenme solo y descalzo los dioses,
que yo iré desplegando mis alas
en vuelo libre
hacia la línea difusa del horizonte
manteniendo mis sueños intactos.

LA CHICA DEL TACÓN ROTO

Ojos que recogen miradas
de enfermos del deseo.
Labios dispuestos a besar otros labios
con un gesto.
Manos expertas en caricias,
bocas que regalan sonrisas
y si pagas te dicen al oído
las palabras que tú quieras.
Hay que alcanzar un sueño.
Torbellino de deseos saciados
en cualquier sitio
dispuestos a tomar el vino amargo
del sexo por dinero.
Válvulas de escape,
cuerpos molidos en la calle,
alivio de otros cuerpos,
muerden el polvo.
La chica del tacón roto
paga un alto precio.

SOPLA EL TIEMPO

Sopla el tiempo
removiendo cenizas
y hojas secas
que van cayendo al suelo,
pero no van donde quieren.
Son juguetes rotos
como el anciano/niño de diez años
que se sienta en el parque
con unos mendrugos de pan en la mano,
esperando que se le acerquen los pájaros
para sentir la compañía de alguien.
No están solos
en este largo viaje de paso
hacia ninguna parte.
Se tienen el uno al otro.

Recoger la toalla

El sueño nos roba realidades
en la calle de nadie sin número.
Me deja sin defensas
para empezar la mañana.
Cansancio extremo,
ojeras marcadas
y el cuerpo tan frágil
que no me sostiene.
Las cicatrices son tan grandes
como profundas.
Y la toalla,
testaruda toalla,
que no para de caerse al suelo.
Persevero
y la recojo con rabia,
si no quiero tropezar con ella.
No obstante,
quiera o no quiera,
no me queda otra:
la obstinada vida
sigue adelante un día más.

Un nuevo mundo comienza

Aunque otros vean cielo,
yo sigo en el infierno diario
resistiendo desde la lejanía
que habita dentro de mí.
Este tiempo va dejando
una huella indeleble en mi vida
y me miro a los ojos sin reconocerme.
He ido como el agua del río
por su cauce,
sin dejar huellas de mi paso,
investido con la arrogancia de un dios
al que el futuro no le importaba.
Un nuevo mundo empieza
y yo sigo aquí,
descarnado del pasado,
sin posibilidad de volver a sentir
lo mismo de antes.
Un viejo/niño
mucho más dolorido y cansado,
pero no más sabio,
que sigue en mí
y que dudo ser yo mismo.

EL PRESENTE

El presente es poco
o nada,
pasa muy rápido
sin dejar huella.
A cada instante regresa
y al momento se agota,
pero va detrás de nosotros
como una sombra.
Es como un reloj
que esconde los minutos
para no dar las horas.
Es como el tiempo
que huye de ti
a cada momento.
Es como el aire
que llena los pulmones
y luego expulsas
sin que te des cuenta.
El presente se te escapa,
no lo disfrutas.
Cuando vas a atraparlo,
ya estás sin fuerzas.

Gracias por tus ganas

Ahora que estoy tan vulnerable,
gracias porque me llegan tus ganas.
Las que me envías en silencio
entre palabras.
Esas ganas locas de vivir la vida
a pesar de las circunstancias.
Las que le faltan a mi vida
para seguir adelante.
Ganas con un soplo de aire fresco
con las que refuerzo las mías
para dar un paso con ganas.
Ganas llenas de colores
que me unen a ti,
derribando la distancia
que nos separa.
Esas ganas que te salen del alma
y llegan hasta mi alma
son las ganas que necesito
para tener esperanza.
Tus ganas son ahora mis ganas.
Gracias por enviarme tus ganas
entre palabras.

La amistad

La amistad es como un oasis
en este desierto de locos.
La amistad a veces une más
que los lazos de sangre.
Ante la confusión del mundo,
hombres y mujeres
tienden hilos invisibles
y resistentes
para enhebrar los corazones
de los amigos,
porque andar por esta vida
sin amistad cansa.
Más allá del espacio
que os aleja,
el amigo en la distancia
siempre se mantiene cerca.
Cuando tus días pierden color
y se llenan de tinieblas,
los amigos siguen a tu lado
compartiendo contingencias.
A la amistad hay que pagarle
con la misma moneda,
conserva siempre a tus amigos
por encima de las creencias.
Frente a la confrontación
de religiones e ideas,

las puertas de la amistad
permanecen siempre abiertas.
Cuando un amigo se va
te deja en el alma una herida
que no la consigue sanar
la llegada de otro amigo.
Para llenar esos huecos
que la existencia nos deja
saber que te quedan los otros
te da cierta seguridad,
aunque no lo parezca.
Está claro que junto a ellos
cualquier circunstancia que vivas
puede acabar en fiesta.
En este baile de máscaras
en que se ha convertido la vida
saber rodearte de amigos
vale la pena.

La cara oculta… (de la luna)

En la noche extraña
las nubes intentan
jugar con la luna,
pero ella se escapa
por poniente
cuando el alba repunta.
No le gusta
que las nubes con su juego
le tapen su luz más blanca,
su luz de oleaje,
su luz de espuma.
Que la dejen en paz,
que viertan sus aguas
sobre desiertos sedientos,
que los cubran de brumas.
Ella, tranquila,
con la cara desnuda
alumbra la belleza
al borde del precipicio
de una noche en penumbra.
Lleva un traje de tules
para que luzca
su cara más dulce,
pero no muestra nunca
la que tiene más triste,
la cara oculta… de la luna.

LA FLOR DE LOS JARALES

Sobre tantos verdes de la sierra
resalta el blanco limpio
de la flor de los jarales.
Cada primavera se alza tímida
entre pinos y encinares,
poniendo motas de blanco
en el verde de los parajes.
Al ver la flor de la jara,
mis recuerdos me llevan
a aquellas vivencias fugaces
cuando mi madre y hermanas
entre bromas y canciones lavaban
en las frías aguas del arroyo
y yo me convertía
en grumete y comandante,
dueño de aquel frágil navío
de una seca rama de jara.
Fui el único navegante
que a pesar de las dificultades
vencí el ímpetu de las aguas.
Eran los tiempos más audaces
de mi infancia,
cuando entre peñas y riscos,
sin tener miedo a nada ni a nadie,
participaba en las hazañas
de esos bandoleros errantes

que vaciaban los bolsillos
de viajeros y caminantes.
Y así pasaban mis horas
sintiendo el aroma del paisaje,
admirando las rojas amapolas,
los verdes campos de cebada,
centeno, avenas y trigales.
Pero desde bien pequeño
el color que más me asombra y deleita
es el blanco humilde
de la flor de los jarales.

LA FRONTERA DEL LABERINTO

El dolor no te libera,
te ata a una culpa pagana,
te deja sin libertad,
te rompe las alas.
A pesar de los esfuerzos que hagas,
la herida sangra a cada momento
y te impide levantar el vuelo.
Así quedas en un vacío
con la compañía de ti mismo
y para ti mismo,
porque habitas en el puro silencio
de una inmensa soledad.
Concentras todo tu esfuerzo
en descifrar lo que no se ve,
en sentir cada paso que das
para que te ayude a cruzar la frontera
del laberinto en el que has caído.

LA JUSTICIA HUMANA Y DIVINA

El mal y el castigo existen
por inventar religiones.
Permitimos que los dioses
tengan poder sobre nosotros
al meter en nuestro interior
el placer y su contrario.
Yo siento dentro
una rabia inmensa
cuando reflexiono
sobre el bien y el mal
de los humanos,
porque la justicia aplicada
sobre el pobre, el bueno y el justo
tiene veredicto inmediato,
mientras vemos
que esa misma justicia humana
(y la que tienen los dioses
tan traída y llevada por unos y otros)
no es la que triunfa en la vida,
nunca la aplican a tiempo
y con igual veredicto a los malos:
los buenos y justos
no niegan sus actos
y pagan la culpa,
pero los ricos y poderosos,
por capricho de jueces y dioses,

logran casi siempre
escurrir el bulto y salir libres
con la sonrisa en los labios.

Letras negras sobre fondo blanco

¿Tiene la vida sentido
si somos para la nada?
Ha pasado tanto tiempo de todo
que ya no siento real lo que vivo.
Soy como esas personas
que de tenerlo todo
viven la pesadilla de recoger comida
en los contenedores.
Como los supervivientes y olvidados
cuando sienten sobre sus espaldas
las miradas de los fanáticos
que se erigen en los dueños de esta patria.
Como los niños y los ancianos
se sienten ante los adultos
que hablan entre susurros e indiferencia
para que no los entiendan.
Como quien pide limosna en la esquina
mientras habla con el móvil
pegado a la oreja y la mano abierta
para recibir algunas monedas
sin ganas para agradecer
lo que la gente le deja.
Como aquel inconsciente
que vive de espaldas a quien es…
Ha pasado tanto tiempo de todo
que no consigo recuperar el asombro,

ni sé si lo que vivo es real
o es un sueño
cuando escribo sobre ciertos aconteceres
(letras negras sobre fondo blanco)
para alejarlos de mí cuando los nombro.
Por eso trato de poner orden a las cosas
para lo que esté por llegar,
por si las moscas,
porque me veo sin tiempo ni dioses
ni sitio donde nacer cuando muera.
No sé si mis manos están vacías
o llenas de verdad,
pero eso me da igual,
porque después de todo
nunca puedes llevarte nada.

LOS MUNDOS DEL OTRO

Vivo
juntando letras,
hilando palabras
como si fueran perlas marinas,
hasta crear una frase personal
e íntima
que lleve a quien la lea
a atracar en el mismo puerto
en el que yo pongo la vida.
Ando detrás de un poema
que con el sonido de cada palabra
libere la complicidad oculta
que nos amiga.
Esa complicidad que demuestra
que los mundos del Otro
habitan junto a los míos.

Luna...

Luna
que me asombras,
aunque entre nubes
te escondas.
Luna perdida,
luna lejana,
atrapa el sueño
que cada noche
se desliza
entre las sábanas.
Luna feliz
y, a la vez,
luna amarga,
que tu luz traspase
los cristales
de mis ventanas,
que tus rayos reflejen
las lágrimas
que de mis ojos
resbalan.
Luna milenaria,
no me dejes solo
en esta noche amarga.

ME MANTENGO ALERTA

El peso de la distancia se empeña
en borrar de mi vida tu vida,
en aumentar la grieta
que en mí dejó tu marcha.
Aunque en las rendijas interiores
me aparezcan dudas y certezas,
trato de preservarme firme,
porque en mi memoria
siguen despiertos los recuerdos
cuando caminamos juntos
y me gusta saborearlos en silencio.
Por eso me mantengo alerta,
para evitar que los días
borren de mi vida
las huellas de tu existencia.

Mi manera de ser

Mi manera de ser en el mundo
no la cambio por ninguna.
He estado bajo el yugo
de las embestidas del tiempo
que los dioses de la locura,
en su infinita bondad,
le otorgaron a mi vida.
Ahora,
después del oscuro sueño
al que fui sometido,
me atrevo y decido
abrir bien los ojos,
como un cazador furtivo,
para escapar del engaño
al que me arrastraron
esos seres divinos.
Y me encuentro frente a mí
como un único ser
que crece con orgullo
y con fe en sí mismo
para iniciar el camino.
Solo necesito un gesto de ternura
que me reconforte
en este nuevo inicio.

No somos nada

Mientras suena
la cadencia cantarina
del reloj viejo de la abuela,
hay recuerdos que me hablan
de otro tiempo.
A cada tictac que suena
recupero el presente
de mi infancia.
Ese caminar diario
con paso firme sin pensar
que lo que tienes por delante
solo es un espejismo
y es mejor no esperar nada.
Nada de nada,
porque ese es nuestro origen
y nuestro destino:
el vacío de La Nada.
Nada,
somos nada
después de tantas vidas
y volveremos a La Nada
para estar fuera del ahora
solos,
sin nadie…
en la Intangible Nada.

PALABRAS, SOLO PALABRAS

Palabras que salen sin aliento
y se enredan en mi garganta
como un ovillo.
Palabras de carne
que ocultan la luz
para encontrar la calma.
Palabras de paz
que me llegan al alma;
palabras puras,
palabras negras,
palabras blancas,
palabras indolentes,
hasta el último suspiro
palabras humanas.
Palabras que encarnan deseos,
palabras de siempre
que esconden sentimientos,
pero a veces se quedan
en la garganta
y te dejan dentro resonancias
que, si no las dices,
te roban la calma.
Palabras neutras,
palabras sencillas,
palabras buenas y malas.
Pero al final

118

tan solo son eso:
palabras,
nada más que palabras.

Para toda la eternidad

Todavía siento cómo tus risas
revolotean a mi alrededor,
pero ahora el vacío y el silencio
me acompañan enredándome
en una madeja infinita de tristeza
que sube y baja.
Te has ido muy lejos con tu alegría
y me he quedado
en la oscura soledad de mi vida,
sometido a una sombría nostalgia
hasta que un día
los caprichosos dioses decidan
que ya puedo estar contigo
para toda la eternidad.

Por los siglos de los siglos

Las voces del olvido
navegan desnudas
por los siglos de los siglos
sin encontrar su ritmo.
Buscan una clave
entre el espacio/tiempo
para mezclarse
entre los huesos y ruidos
de los vivos.
Así siguen libremente
galopando
por los siglos de los siglos
en la ondulante bruma
del silencio,
a lo largo y ancho
de la eternidad.

Se hace difícil

A mi amigo/hermano por sus comentarios

«Despacito
se anda el camino
y si no te mueres antes,
se te hace muy largo».
Hay demasiadas
sombras y dolor
que te salen al encuentro,
acaban rompiendo el paisaje
por el que vas caminando
y hacen que bajes la guardia.
Luego se hace difícil
que la vida restaure
la secreta armonía
que han destrozado,
y te encuentras al final del camino
sin saber cómo has llegado
a esa situación sin salida,
pero como un autómata
sigues dando pasos.
Son más pasos de ciego
que acaban en el océano infinito
donde todos vamos.

Seguir adelante

Voy a curar las heridas
que siguen abiertas
frente a las simas del vacío.
El frío me paraliza
y la voz se hace jirones
en la garganta.
Un grito de oscuridad
deja su eco en mi cuerpo,
pero no me queda tiempo
para lamentaciones.
No renuncio a ser yo mismo
y voy a seguir adelante
a dentelladas
hasta el último aliento,
aunque a nada
le encuentre sentido.

Un beso de fuego

Busco con pasión
tu piel de canela
para envolverme
en tu olor maduro
cuando me acerco.
Quiero refugiarme
en tus labios
con un beso de fuego
durante los días oscuros
que nos acechan.
Así no sentiré el frío
de este tiempo
en el que el sol se esconde.
Quiero escapar de mi cuerpo
y habitar en el tuyo,
porque te amo tanto
que un instante lejos de ti
se me hace eterno.

Un paso tras otro

En el silencio de la sensatez
voy a dar el siguiente paso
por el camino de regreso
hacia la vida que dejé atrás.
El peso del dolor
que dobla mis huesos
corre sobre mi piel
como la sangre
y en la cara me dibuja
un rictus de angustia
que me deja
más arrugas de las necesarias.
A cada paso que doy
siento cómo el miedo
me llueve por todas partes
y se instala en mis venas
sin dejarme espacio
para la calma.
Anhelando que acabe esta etapa,
miro más allá
y doy otro paso más,
porque quiero evitar
la doliente rutina que me envuelve
al final de la vida.
Quiero pensar que cada paso
me ayuda a salir

de esta pesadilla de dolor
en el que estoy sumido
y rompe las rejas del desánimo
para que el paso siguiente
me acerque un poco más
al final de este laberinto.

LA ESPERA

Nunca dejaré de buscar
el secreto del tiempo efímero
que vivimos en la tierra,
lo que late dentro
en cada aliento que respiro,
lo que siento cuando veo
el vuelo de un ave,
la caricia del viento,
el paso de las nubes
cuando dejan una lluvia suave,
el aroma de las flores
cargadas de primavera
desde marzo hasta mayo.
No me importa la espera,
aunque en el más allá
no haya nada,
ni silencio ni ruido,
aunque desaparezcan
la mente y el alma,
y ahora cada instante
se me vuelva eterno,
mientras se me escapa la vida
por las venas.
Tampoco siento miedo
de partir a cualquier parte
cuando muera,

porque,
aunque permanezca quieto
y no me mueva,
seguiré avanzando hasta el final,
porque quiero ver la luminosa luz
que disuelve las sombras
y saber los secretos que encierra
mi vida en la tierra.

A CADA PASO

En soledad aguardo
el instante infinito
que me devuelva la paz.
Muy lejos la intuyo,
pero llegará
con un movimiento preciso,
desafiando con su luz
todas las sombras
que se ocultan
en los límites de mi mundo.
A cada paso que doy
el silencio entra
por los poros de mi piel,
devolviéndome la certeza
de que la realidad es,
nada más y nada menos,
solo un sueño
lleno de dolor y engaño.

Alguna noche en calma

El fuego que llevo en los ojos
me impide cerrar los párpados.
Estoy repudiado por Morfeo,
que ignora la necesidad que tengo
de un buen descanso.
Cada tarde acaba
en otra noche llena
de tristeza y lágrimas,
rodeado de duendes de dolor
que llenan mi cuerpo de rabia.
Reniego de la noche que acaba
que trae tras de sí el alba.
Reniego del dolor sin motivo
en esas horas oscuras
(esas son las más largas).
Reniego del día que empieza
al que me enfrento sin fuerzas
cada mañana.
¡Cómo me gustaría disponer
de alguna noche en calma!

COMO A NADIE

No hace falta
que lo diga,
pero te necesito.
Te amo como nunca
había amado a nadie,
pero eso tú ya lo sabes.
Necesito que estés
en mi vida
en cada instante,
porque,
si tú te separas de mí,
me falta el aire.
Ya puedes
gritarle a la gente
que te amo como a nadie,
porque no existe nada
en la vida
que vaya a separarme
ni de tu alma ni de tu carne.

GRACIAS POR TODO, GRACIAS DE NUEVO

A Tonya Mundo Ferrer

La vida es solo humo
que se escapa
entre las llamas de un incendio.

¡Qué sorpresa más agradable me llevo cuando os leo!

Gracias por acercaros a dejarme
unas palabras de ánimo en vuestros comentarios
y enviarme vuestros mejores deseos.
Gracias por hablarme de vuestros tropiezos,
las piedras que lleváis en los zapatos durante el sendero,
ese que nos acerca a compartir momentos malos
y algunos no tanto.
Gracias por seguir cerca
a pesar de la distancia y el tiempo.
Gracias por las palabras de fuerza
para este camino de vida por el que transitamos.

No trato de dar lástima en lo que escribo,
solo trato de curarme los miedos.
Y a pesar de lo que pueda parecer
por las quejas y lamentos,
si tropiezo, me levanto
y una y otra vez lo intento.

Escribir es la mejor terapia que tengo.
Gracias por todo, gracias de nuevo.

Índice

Sobre el autor

Ángel García García-Muñoz nació en un día del Señor a mediados del siglo pasado (28 de diciembre) en un lugar al sur de La Mancha, donde el más invencible marino de todos los tiempos, el marqués de Santa Cruz, «hizo un palacio en El Viso porque pudo y porque quiso». Es un lugar rebosante de naturaleza, cultura y arte, pero lo mejor de todo es su gente. A pesar de que desde hace muchos años reside en Valencia, la presencia y el recuerdo de su única patria, Viso del Marqués, siguen presentes diariamente en su vida.

Poseedor de un largo recorrido profesional en la rama sanitaria (alopática y alternativa), ha ido acumulando años y vivencias que le han llevado a ser quien es. En la actualidad se encuentra retirado de la actividad laboral y pasa el tiempo con las cosas que, para él, son indispensables y sagradas: la familia, los amigos y los libros. «Y en mis ratos libres, que son muchos, me entretengo juntando letras».

www.ingramcontent.com/pod-product-compliance
Lightning Source LLC
LaVergne TN
LVHW090146180726
843489LV00006B/1925